"모든 관계의 시작은 나!" 자존감을 키우는 28가지 마음 습관

9 자존감

아홉 살 관계 사전

김정 지음 이아리 그림

다섯에듀

머리말 '무조건 내 편'은 바로 '나'

'요즘 내가 왜 이렇게 마음에 안 들까?'
'잘하지 못하면 어떻게 하지?'

내가 마음에 안 들고
자꾸만 자신이 없어서
고민한 적이 있나요?

모든 관계에서 가장 중요한 건
나와의 관계예요.
내가 가장 존중하고 사랑해야 하는 사람은
바로 나 자신이에요.

나를 존중하는 사람이
다른 사람도 존중할 수 있어요.
내가 나를 믿어야
다른 사람도 나를 믿어 주지요.

『아홉 살 관계 사전: 자존감』은
나를 이해하고 존중하는
28가지 이야기를 담은 책이에요.

이제부터 나를 있는 그대로 사랑하고,
나를 힘껏 응원하고,
실수하고 넘어져도 이겨내는 방법을
함께 알아볼 거예요.

여러분이 자신을 진심으로 좋아하며,
'나답게' 살아가는 길에
이 책이 도움이 되면 좋겠어요.

김정 선생님이.

CONTENTS

머리말 '무조건 내 편'은 바로 '나' 004

CHAPTER 1 나라서 좋아요　나다움

- **01 자존감** 나는 내가 마음에 안 들어요　012
  - 궁금한 게 있어요!　자존감은 어떻게 키워요?　016
- **02 성격** 좋은 성격, 나쁜 성격이 있나요?　018
  - 궁금한 게 있어요!　내향적 vs 외향적, 어떤 성격이 더 좋아요?　022
- **03 외모** 내 모습이 마음에 안 들어요　024
- **04 꿈** 꿈이 없어서 걱정이에요　028
- **05 자립심** 혼자서도 잘할 수 있어요　032
- **06 탐구** 나는 내가 제일 잘 알아요　036
- **07 개성** 친구가 나보고 특이하대요　040

2 CHAPTER 조금 서툴러도 괜찮아요 [용기]

- **08** 걱정 발표를 망칠까 봐 걱정돼요 046
- **09** 노력 열심히 해도 잘 안 돼요 050
  - 궁금한 게 있어요! 실력은 계단과 비슷하다? 054
- **10** 비교 자꾸 친구와 내가 비교돼요 056
- **11** 실패 상을 받지 못해서 실망했어요 060
- **12** 최선 최선을 다했으니 괜찮아요 064
- **13** 불안 터널이 무너질까 봐 불안해요 068
- **14** 재능 나는 잘하는 게 없어요 072

3 CHAPTER 나는 나를 믿어요 [자기 확신]

- 15 **분노** 내 마음대로 안 돼서 화나요 **078**
- 16 **게으름** 5분만 더 있다가 할래요! **082**
  - 궁금한 게 있어요! 게으름에도 종류가 있다? **086**
- 17 **외로움** 내 편은 아무도 없는 것 같아요 **088**
- 18 **기분** 자꾸 기분이 우울해요 **092**
- 19 **상처** 친구의 말이 자꾸 생각나요 **096**
- 20 **눈치** 자꾸 다른 사람의 눈치가 보여요 **100**
- 21 **주관** 친구의 말대로만 하게 돼요 **104**

 **4 CHAPTER 마음의 힘을 길러요** 자신감

- 22 **긍정** 좋게 생각할래요 110
  - 궁금한 게 있어요! 좋은 생각은 어떻게 키워요? 114
- 23 **의사 표현** 내 마음을 잘 전하고 싶어요 116
- 24 **받아들임** 이게 바로 나예요 120
- 25 **자신감** 한번 도전해 볼래요 124
  - 궁금한 게 있어요! 마음의 근육을 키워요! 128
- 26 **용기** 자꾸 틀려서 자신 없어요 130
- 27 **믿음** 나는 잘할 수 있어요 134
- 28 **자기 존중** 나는 내가 좋아요 138

참고한 책과 자료 142

CHAPTER

나라서 좋아요

나다움

01 나는 내가 마음에 안 들어요

내 이야기를 들어 봐

오늘 학교에서 받아쓰기 시험을 봤다.

이번에도 나는 시험이 너무 어려웠다.

짝꿍은 이번에도 100점을 받았는데

나는 겨우 50점을 받았다.

점심시간에는 달리기 시합을 했는데

또 넘어져서 꼴찌로 들어왔다.

공부도 운동도 잘 못하는 나.

요즘 왜 이렇게 마음에 안 들까?

나는 세상에서 가장 소중해요.

잘하는 게 없는 것 같아서 고민될 때가 있지요. 때로는 너무 속상해서 화가 나기도 해요.

하지만 여러분이 꼭 기억해야 할 것이 있어요. 전 세계 80억 인구 중에서 나처럼 생각하고 나처럼 행동하고 나와 같은 특징을 가진 사람은 나밖에 없어요. 이 세상에 '나'라는 사람이 단 한 명뿐이라는 것만으로도 여러분은 특별하고 소중한 존재랍니다.

여러분이 나를 스스로 소중히 여기는 마음을 갖길 바라요. 이 마음은 다른 말로 '자존감'이라고 해요. 여러분은 사랑받을 만한 가치가 충분해요. 여러분이 태어난 과정을 살펴보면, 수억 개의 세포 중에서 1등으로 달려와 세상에 태어나게 된 거예요. 3억분의 1이라는 확률을 뚫고 탄생했지요. 이 확률은 복권 1등의 당첨보다도 낮은 확률이에요.

스스로를 믿어 주고 응원해 주세요. 내가 나를 좋아하지 않는데 누가 나를 좋아해 줄 수 있겠어요? 자기 자신을 사랑하는 사람이 다른 사람과도 잘 지낼 수 있어요.

"너는 세상에서 가장 소중한 사람이야."
"괜찮아. 잘하고 있어."

매일 스스로에게 이렇게 말해 주세요. 여러분은 칭찬과 응원 받을 자격이 충분해요.

연습해 볼까요?

1 스스로에게 어떤 응원의 말을 매일 해 줄지 생각하여 아래에 써 보세요. 그리고 매일 아침이나 자기 전, 생각이 날 때마다 자주 말해 주세요.

예) 너는 소중한 사람이야. ○○(이)는 사랑받을 가치가 있어.

_____

_____

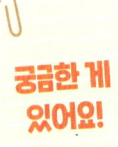

자존감은 어떻게 키워요?

　자존감은 자신을 존중하는 감정, 즉 나를 소중히 여기는 마음이에요. 내가 사랑받을 만한 가치가 있는 소중한 사람이라는 마음, 내가 무언가 잘할 수 있다는 믿음, 실패하더라도 '다시 노력하면 돼.', '괜찮아. 잘될 거야.'와 같이 생각하며 마음을 편안하게 가지는 능력을 모두 포함하는 말이에요.

　자존감은 어른이 되어서도 자신을 아끼고 행복하게 살아가기 위해 갖추어야 할 '마음의 습관'이에요. 자기 전에 양치하는 습관, 바르게 앉아서 책을 읽는 습관, 매일 일기를 쓰는 습관처럼 좋은 습관과 비슷해요.

　나쁜 습관을 하루아침에 좋은 습관으로 바꾸기는 어려워요. 꾸준히 나를 응원하고 믿는 습관을 들여야, 자존감이 조금씩 자라나지요. 특히 여러분이 초등학생으로 지내는 6년의 시간은 자존감을 키우기 가장 좋은 시기예요. 평생 가는 모든 습관이 이때 만들어지기 때문이지요.

자존감을 키우는 두 가지 방법을 알려 줄게요.

첫째, 성공 경험 쌓아가기

작은 성공이라도 스스로 해내다 보면, 내가 무언가를 할 수 있다는 믿음이 점점 커져서 자존감이 높아져요. 또 작은 성공이 모여서 큰 성공이 되지요.

운동이나 악기 연주 등 오늘부터 두 달 이상 어떤 분야를 단계별로 도전해 볼지 노트에 써 보세요. 부모님과 함께 계획을 세워도 좋아요.

주의! 한 번에 너무 큰 목표를 세우면 성취감(성공해서 뿌듯한 마음)을 자주 느끼기 어려워요. 목표를 작게 쪼개서 세워 보세요.

둘째, '괜찮아' 일기 쓰기

가끔 내가 마음에 안 들고 부족하게 느껴져도, 괜찮다고 일기에 쓰거나 말하는 연습을 하면 마음을 다독이는 데 도움이 돼요. 아예 단점이 없거나 실패하지 않는 사람은 없어요. 누구나 부족한 점이 있고 실수하지요. 중요한 건 스스로 '괜찮아.'라고 자주 말하며 힘을 내는 습관이에요.

02 좋은 성격, 나쁜 성격이 있나요?

내 이야기를 들어 봐

하연이가 며칠 전에 내 가위를 빌려 갔다.

그런데 깜빡했는지 아직도 안 돌려주는 거다.

지금 가위를 써야 하는데 어떻게 말해야 할까?

혜지한테 대신 말해 달라고 부탁했더니

"그냥 달라고 하면 되지! 왜 이렇게 소심해?"

하며 내 성격이 안 좋은 거라고 한다.

친구에게 내 마음을 말하기 어려운 나,

정말 내 성격이 나쁜 걸까?

모든 성격에는 좋은 점이 있어요.

좋은 성격, 나쁜 성격이 따로 있나요? 그렇지 않아요. 서로 다른 성격이 있을 뿐이에요. 남과 다른 것은 나쁜 게 아니에요. 각자의 개성과 매력이 있는 것이지요.

소심하고 예민한 성격을 지닌 친구는 상황을 세심히 살펴봐서 다른 사람의 마음에 잘 공감할 수 있어요. 장난기가 많고 산만해 보이는 친구는 주변 사람을 즐겁게 해 주지요. 또 진지하고 조용한 성격인 친구는 생각이 깊어서 상황을 잘 이해한다는 장점이 있어요.

모든 성격에는 남들은 잘 모르는 좋은 면이 있어요. 그러니 다른 사람의 말을 너무 신경 쓰지 말고 내 성격대로, 나답게 지내는 게 좋아요. 타고난 내 성격이 남들에게는 최고가 아닐지라도, 나에게는 가장 잘 맞는 최고의 성격이에요.

성격을 일부러 바꾸려 노력할 필요도 없어요. 다만, 친구를 괴롭히는 것처럼 남에게 피해를 주는 성격이라면 바꾸어야 해요. 친구에게 거친 말을 해서 상처를 준다면 다른 사람의 기분이 상하지 않게 말하는 법을 배우도록 해요.

연습해 볼까요?

 내 성격 중 한 가지를 쓰고, 그 성격의 좋은 점을 생각해 보세요.

예) 조용하다: 수업 시간에 떠들지 않는다.
호기심이 많다: 재미있는 일을 잘 찾는다.

(   ) :
_____

_____

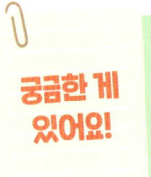

내향적 vs 외향적, 어떤 성격이 더 좋아요?

궁금한 게 있어요!

외향적인 성격은 에너지가 외부(밖)로 향한 사람이에요. 사람들과 어울릴 때 힘을 얻지요. 친구들과 금방 친해지고 적극적으로 자신을 표현하며 다양한 사람과 어울리기를 좋아해요.

내향적인 성격은 에너지가 내부(안)로 향한 사람이에요. 혼자서 시간을 보낼 때 힘을 얻지요. 혼자 취미 활동하기를 좋아하고, 말이 적은 대신 다른 사람의 이야기에 진지하게 귀 기울여 줄 줄 알아요.

외향적인 성향과 내향적인 성향 중에 어떤 것이 더 좋다고 말할 수는 없어요. 두 성향이 절반으로 정확히 나누어지는 것은 아니거든요. 우리는 대부분 두 성향을 함께 가지고 있어요.

선생님도 친구들과 대화하는 것을 좋아하고 처음 만난 사람과도 잘 이야기할 수 있지만(외향적), 사실 혼자서 책을 읽고 음악을 듣거나 글을 쓰는 것을 제일 좋아해요(내향적). 우리는 상황에 따라 두 성향을 활용하면서 살아가지요.

초등학생 때는 두 성향 중 한 가지로 성격을 정하지 않고, 내향적인 성향과 외향적인 성향의 장점을 모두 경험해 보는 게 좋아요. 혼자서 재밌게 지내면서도 다른 사람과 어울려 생활하는 방법을 배우는 것을 추천해요.

혼자서 책을 읽거나 공부할 때는 내향적인 성향(연구, 집중, 창작, 발명, 꼼꼼함 등)을 활용하면 좋아요. 친구들과 놀거나 운동할 때, 발표할 때는 외향적인 성향(관계, 리더십, 체력, 자신감, 표현 등)을 활용하면 좋을 거예요.

03 내 모습이 마음에 안 들어요

외모

내 이야기를 들어 봐

오늘 학교에서 은우가 나를 '통통이'라고 불렀다.

엄마는 내 볼살이 귀엽다고 했는데,

애들이 보기에는 내가 뚱뚱해 보이나 보다.

나는 눈도 작고 코도 납작하다.

TV에 나오는 연예인들은

다 눈도 크고 코도 높던데….

우리 엄마는 예쁜데, 나는 왜 아빠를 닮았을까?

거울을 볼 때마다 내 얼굴이 마음에 안 든다.

외모는 평가의 대상이 아니에요.

작은 얼굴에 큰 눈, 오똑한 코, 키가 크고 날씬한 몸매. 꼭 이런 외모를 가져야만 행복한 걸까요?

다행히 요즘은 외모를 평가하는 태도가 잘못된 것임을 알고 조심하는 사람이 많아요. 하지만 여전히 다른 사람의 외모를 놀리거나 자신의 외모에 자신 없어 하는 경우가 있어요.

만약 누군가 여러분의 외모에 대해 평가하는 말을 한다면 여러분은 당당하게 행동해야 해요. 내 외모가 문제인 게 아니라, 함부로 외모를 평가하는 그 사람의 태도에 문제가 있는 것이니까요. 물론 여러분도 다른 사람의 외모를 지적하거나 놀리면 안 되지요.

회사에서 직원을 뽑을 때는 얼굴 생김새보다는 전체적인 인상을 본다고 해요. 인상은 그 사람의 표정이나 말투, 자세, 그리고 태도에서 느껴지는 전체적인 느낌이에요. 밝고 자연스러운 표정, 믿음을 주는 말투와 태도 등이 외모보다 더 중요하다는 것이지요.

여러분은 평가받으려고 태어나지 않았어요. 남에게 평가받지도, 다른 사람을 평가하지도 말아야 해요. 서로 있는 그대로의 모습을 인정하고 존중해 주세요. 스스로 당당하면서도 다른 사람을 배려하는 마음을 키워요.

연습해 볼까요?

1 내 외모를 놀리는 별명으로 부르는 친구에게 어떻게 말해야 할까요?

예 네가 나를 그렇게 불러서 속상해. 다음부터는 이름으로 불러주면 좋겠어.

_____

_____

꿈이 없어서 걱정이에요

내 이야기를 들어 봐

학교에서 '나의 꿈'을 주제로 발표했다.

친구들이 너도나도 손을 들고 말했다.

의사가 되고 싶다는 친구,

선생님이 되고 싶다는 친구,

유튜버가 되고 싶다는 친구까지!

벌써 장래희망을 정한 친구들이

대단해 보이고 부러웠다.

나만 아직 꿈이 없는 것 같다.

나는 무엇이 되면 좋을까?

무엇을 할 때 재미있는지 찾아봐요!

꿈이 꼭 직업을 뜻하는 건 아니에요. 어려서부터 꿈을 선생님, 아나운서, 의사, 유튜버 등 한 가지 직업으로만 가둬서 생각하면 다양한 일을 경험하고 꿈꿀 가능성을 막을 수도 있어요.

'선생님'을 '가르치는 사람'이라고 넓게 생각하면, 학생을 가르치는 사람, 노인을 가르치는 사람, 학부모를 가르치는 사람 등 꿈도 더 넓게 생각할 수 있어요.

게다가 20년 후에는 많은 직업이 사라지고 새로운 직업도 많이 생길 거예요. 앞으로 평생 하나의 직업만을 가지는 사람보다 여러 차례 직업을 바꾸는 사람이 많아진다고 해요.

스스로에게 '무엇이 되고 싶니?'라는 질문보다 '무엇을 할 때 가장 재미있니?라고 질문해 보세요. 다양한 경험을 해 봐야 내가 어떤 일을 할 때 진짜 즐거운지, 나와 잘 맞는 일이 무엇인지 찾을 수 있어요.

선생님은 중학생 때 직접 쓴 글을 모아 출판사에 보낸 적이 있어요. 출판사에서 연락은 오지 않았지만, 어른이 되어 이렇게 책을 쓸 수 있었던 것은 이때 뿌려 둔 씨앗이 열매를 맺은 것이라고 생각해요.

여러분이 지금 여러 도전을 해 보는 것도 씨앗을 뿌리는 과정이에요. 언젠가 그 씨앗이 멋진 나무로 자라 열매를 맺으면, 그 모습이 제법 마음에 들 거예요.

좋아하는 일을 찾는 4단계 방법

첫째, 다양한 여러 가지 일을 해 봐요.
둘째, 어떤 일을 할 때 시간 가는 줄 모르고 집중하는지 생각해 봐요.
셋째, 재미있는 일을 규칙적으로 배우거나 실천해요.
넷째, 그 분야의 전문가가 쓴 책이나 그 일과 관련된 영상을 보면서, 내가 그 일을 할 때의 모습을 떠올려 봐요.

05 혼자서도 잘할 수 있어요

자립심

내 이야기를 들어 봐

요즘 뭐든 혼자 해내는 게 정말 재미있다.

줌 수업*으로 출석 체크도 스스로 하고

숙제도 미리 끝내두면 뿌듯하다.

자기 전에는 혼자 샤워도 깨끗이 하고

내일 수업 준비물도 미리 챙겨 둔다.

엄마는 혼자서도 잘하는 내가

멋있다고 칭찬해 주셨다.

앞으로 내가 할 일은 혼자서 척척 해낼 거다.

*줌 수업 : 실시간 쌍방향 수업

혼자서 할수록 나에 대한 믿음이 자라요.

'자립심'이란, 다른 사람에게 의지하지 않고 자기 스스로 서려는 마음가짐이에요. 엄마, 아빠, 할머니, 할아버지, 선생님, 친구 등 다른 사람에게 너무 많이 의지하지 않고 스스로 해 보려는 마음이지요.

학교 갈 때 입을 옷을 골라 입기, 수업 시간 전에 교과서와 연필을 준비하기, 학원에 가져갈 가방을 챙기기 등 여러 가지 일을 혼자서 잘할 수 있어요.

자립심이 강한 사람은 자신의 삶에 만족하며 살 수 있어요. 내가 할 일을 스스로 하면, 내가 무엇이든 잘할 수 있는 사람이라는 믿음이 점점 커져요. 내 실력이 쑥쑥 자라고 자랑스러운 마음도 들고요.

반대로, 부모님이 하나하나 챙겨 주시는 데 너무 익숙해지면 그 순간은 편할지 몰라도 나중에 몇 배로 더 힘들어져요. 대학교와 직장까지 부모님이 계속 따라다니실 수는 없으니까요.

물론 모든 일을 혼자서 할 수는 없어요. 할 수 있는 일은 혼자서 해 보다가 어려운 부분이 있으면 도와 달라고 말하세요. 부모님이 여러분이 할 일을 챙겨 주시려고 하면 한번 이렇게 말씀드려 보세요.
"제가 혼자서 해 볼게요."
아마도 우리 아들, 딸이 언제 이렇게 컸냐며 대견해하실 거예요.

연습해 볼까요?

1 다이어리나 메모장에 매일 내가 해야 할 일을 쓰고 확인하면서 자립심을 키울 수 있어요. 매일 할 일을 쓰고 점검하면서, 중요하다고 생각하는 일부터 먼저 실천해 보세요.

예 ☑ 책 30분 읽기   ☑ 내일 학교 준비물 챙기기

☐ _____

☐ _____

06 나는 내가 제일 잘 알아요

내 이야기를 들어 봐

나는 좋아하는 게 정말 많다.

스파게티, 피아노 치기, 강아지, 눈사람 만들기,

수영, 그림 그리기, 우리 가족….

그리고 싫어하는 것도 많다.

벌레, 호박, 수학, 비,

여름, 매운 고추, 숙제하기….

나에 대한 건 얼마든지 계속 말할 수 있어!

나는 내가 제일 잘 아니까.

'나'라는 책을 매일 채워 가요.

여러분은 자신에 대해 잘 알고 있나요? 나이, 가족, 키, 몸무게 같은 비교적 간단한 것부터 좋아하는 것과 싫어하는 것, 잘하는 것과 못하는 것, 취미, 특기 등 조금 어려운 것까지, 곧바로 대답할 수 있나요?

나에 대해 잘 알면 뭐가 좋을까요? 나를 잘 알면 나에게 잘 맞는 취미나 친구, 나를 즐겁게 하는 일, 멋지게 만들어 주는 옷이나 머리 모양 등을 더 쉽게 찾을 수 있어요.

나를 잘 안다는 것은 내 마음을 잘 아는 거예요. 내 마음을 잘 알면 기분이 나빠졌을 때 다시 즐거워지는 방법을 알고, 화가 났을 때 마음을 잘 달랠 수 있어요. 그러면 슬픈 마음은 금방 사라지게 하고 행복한 것들은 가까이할 수 있지요.

나를 잘 안다는 것은 나의 좋은 점과 부족한 점도 잘 아는 거예요. 있는 그대로의 나를 받아들이는 사람은 다른 사람의 좋은 점과 부족한 점도 잘 이해해 줄 수 있는 훌륭한 사람이 되지요.

오늘부터 '나'라는 책을 만든다고 생각해 보세요. 내가 좋아하는 것, 할 수 있는 것, 잘하고 싶은 것, 그리고 기분이 좋을 때와 슬플 때, 소중한 추억 등을 하나씩 채워 가요. 페이지가 늘어남에 따라 나만의 멋진 책이 완성될 거예요.

연습해 볼까요?

1. 나에 관해 써 보고 친구나 부모님에게 소개해 보세요.

내가 좋아하는 것: _____

내가 싫어하는 것: _____

내가 할 수 있는 것: _____

(　　　　　　) : _____

(　　　　　　) : _____

07 친구가 나보고 특이하대요

내 이야기를 들어 봐

나는 클래식 음악을 좋아한다.

제일 좋아하는 노래는 「동물의 사육제」이다.

운동장에서 축구하는 것도 좋아해서

점심시간에는 친구들과 실컷 뛰다 온다.

그런데 친구들은 나보고 특이하다고 한다.

"클래식? 아이돌 노래가 더 좋지!"

"여자애가 남자애들이랑 축구를 한다고?"

나는 정말 특이하고 이상한 걸까?

눈치 보지 말고 나만의 개성을 키워요!

　'개성'은 사람마다 가지고 있는, 남과 다른 특성이에요. 우리는 취향, 모습, 말투, 옷차림, 그림이나 글 등으로 개성을 나타내요. 화가는 나만의 그림체로, 가수는 나만의 목소리로 개성을 드러내지요.

　엉뚱한 상상을 하는 것, 옷을 멋지게 입는 것, 웃긴 표정을 잘 짓는 것 등 작은 취향과 매력을 하나씩 쌓아 가면 나만의 개성을 키울 수 있어요.

　개성에 대한 이야기를 하나 들려 줄게요. 옛날에 아주 멋지게 생긴 하얀 말이 동쪽으로 달리고 있었어요. 다른 말들도 그 말을 따라 한 방향으로 달려갔지요. 그때 점박이 말은 혼자서 다른 방향으로 달려갔어요. 다른 말이 왜 그쪽으로 가냐고 물었지만, 점박이 말은 꾸준히 달렸고 결국 멋진 초원을 찾아냈어요. 나중에는 하얀 말을 따라갔

던 다른 말들도 그 초원에 놀러 왔지요.

하얀 말을 따라가는 말들은 유행을 따라가는 모습을, 점박이 말은 나만의 개성을 찾아가는 모습을 보여 줘요. 다른 사람과 같은 길을 간다고 무조건 옳은 것은 아니에요. 나에게 맞는 속도로, 원하는 방향으로 가면 돼요.

내 인생의 주인공은 나예요. 다른 사람의 눈치를 지나치게 보는 순간 그 사람이 주인공으로 바뀌고, 나는 단지 주인공을 돕는 조연이 되고 말아요. 나만의 개성을 키워 가는 여러분의 발걸음을 응원해요.

연습해 볼까요?

1 **내가 지금 갖고 있거나 앞으로 키우고 싶은 나만의 매력을 써 보세요. 아주 사소한 것이라도 좋아요.**

> 예) 잘 웃는다. 목소리가 우렁차다. 게임을 잘한다. 머리가 곱슬곱슬하다.

_____

_____

CHAPTER 2

조금 서툴러도
괜찮아요

용기

08 발표를 망칠까 봐 걱정돼요

걱정

내 이야기를 들어 봐

우리 반은 매주 한 명씩 주제를 정해서

'1분 말하기'를 한다.

'우리 집 고양이', '우리 가족', '가 보고 싶은 나라',

'좋아하는 계절', '우리 반 선생님', 'AI와 미래 모습'….

친구들은 어쩜 그렇게 발표를 잘하는지 모르겠다.

내 순서가 다가올수록 심장이 쿵쾅거린다.

발표를 망치면 어떻게 하지?!

너무 걱정돼서 잠도 잘 안 온다.

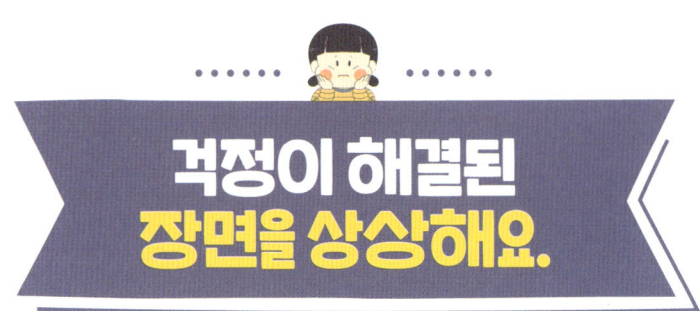

걱정이 해결된 장면을 상상해요.

우리는 많은 사람 앞에 나가서 발표할 때나 중요한 시합을 앞뒀을 때 잘 안될까 봐 걱정해요. 하지만 걱정이 다 나쁜 것은 아니에요. 걱정되니까 더 잘하려고 노력하기도 하니까요. 발표를 망칠까 봐 걱정되어 미리 부모님 앞에서 연습을 해 보는 것은 '건강한 걱정'이에요.

하지만 지나친 걱정은 도움이 되지 않아요. 계속 걱정해 봤자 해결되는 것도 없는데 괜히 시간을 낭비할 뿐이지요. 걱정할 시간에 그림 그리기, 자전거 타기, 산책하기 등 다른 일로 관심을 돌리면 좋아요.

『행복이란 무엇인가』라는 책을 쓴 샤하르 교수도 한때는 학생들 앞에서 강의하는 것이 너무 긴장되었다고 해요. 그래서 강의를 더 열심히 준비했고, 학생들 앞에서 멋지게 강의하는 모습을 머릿속으로 계속 상상하면서 극복했대요.

사람의 뇌는 실제와 상상을 구분하지 못해요. 성공한 모습을 반복해서 상상하면 실제로 뇌가 비슷한 반응을 보이지요. 걱정이 많을 때는 걱정이 해결된 순간을 상상해 보세요. 친구들 앞에서 자신 있게 발표하는 모습, 시합에서 이기는 모습을 자세하게 떠올려 봐요.

그다음 실천해 보세요. 걱정을 없애는 가장 좋은 방법은 실제로 그 일을 끝내는 것이지요. 피하지 마세요. 그 일을 잘 끝내고 나면 마음이 한결 후련해질 거예요.

연습해 볼까요?

 1 요즘 여러분의 가장 큰 걱정은 무엇인가요? 그 걱정이 해결된 모습을 자세히 상상해 보고, 부모님께 설명하면서 걱정을 없애 봐요.

_____

_____

09 열심히 해도 잘 안 돼요

내 이야기를 들어 봐

줄넘기를 잘 넘는 영우가 멋져 보여서

나도 줄넘기 연습을 시작했다.

그런데 아무리 연습해도 2단 뛰기가 잘 안 된다.

주말마다 아빠랑 집 앞 공원에서 계속 연습하는데도

여전히 세 개를 못 넘는다.

열심히 안 했다면, 노력을 안 해서 그렇다고

생각하기라도 할 텐데.

왜 나는 열심히 해도 실력이 제자리일까?

노력하는 과정에서 기쁨을 발견해요.

열심히 노력했는데 결과가 좋지 못하면 많이 속상해요. 그런데 어떤 일에 최선을 다해 열심히 하는 것도 아주 귀한 재능이라는 사실을 알고 있나요? 노력하는 태도는 모두가 갖고 있는 것이 아니거든요. 열심히 노력한다는 것은 앞으로 성장할 수 있는 소중한 재능을 하나 가지고 있는 거예요.

노력해도 안 된다고 가만히 있으면서 불평만 하는 지호와 잘 안 되더라도 다시 씩씩하게 도전하는 희수, 두 사람 중 어떤 사람이 더 행복하고 활기차게 살아갈까요? 희수가 더 즐겁게 살고, 발전할 확률도 더 높아요. 노력하는 과정에서 얻는 것이 분명히 있거든요.

여러분은 잘 느끼지 못하겠지만 조금씩 목표와 가까워지고 있을 거예요. 한꺼번에 잘하려고 하지 말고, 차근차근 단계를 밟으며 꾸준히 나아지겠다고 생각해 보세요. 노력한 나를 칭찬해 주고, 작은 성장에도 기뻐하기로 해요.

 노력해 보라는 말이 모든 일에 온 힘을 들이라는 뜻은 아니에요. 모든 일에 있는 힘을 다 쓰면 금방 지칠 거예요. 이것저것 다 잘하려다가 오히려 한 가지도 제대로 해내지 못할 수도 있고요.

 처음에는 내가 잘할 수 있거나 잘하고 싶은 분야를 한 가지 정하고 집중해서 노력하는 것이 좋아요. 일단 잘하는 과목이나 특기가 한 가지 생기면, 자신감이 생겨서 다른 활동도 더 잘하게 될 거예요. 모든 일에는 꾸준한 노력이 필요해요.

연습해 볼까요?

1 요즘 내가 열심히 한 일을 써 보세요. 이전보다 조금이라도 나아진 부분은 무엇인가요?

예 영어 단어 외우기 - 아는 영어 단어가 많아졌다.
　친구들과 피구하기 - 피구를 할 때 살아남는 시간이 길어졌다.

(　　　　　　) :
_____

(　　　　　　) :
_____

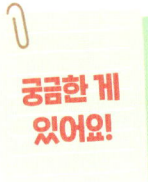

실력은 계단과 비슷하다?

여러분의 실력이 쌓이는 건 계단 오르기와 비슷해요. 실력과 계단의 공통점을 살펴볼까요?

1. 노력하면 바로 실력이 좋아지나요?

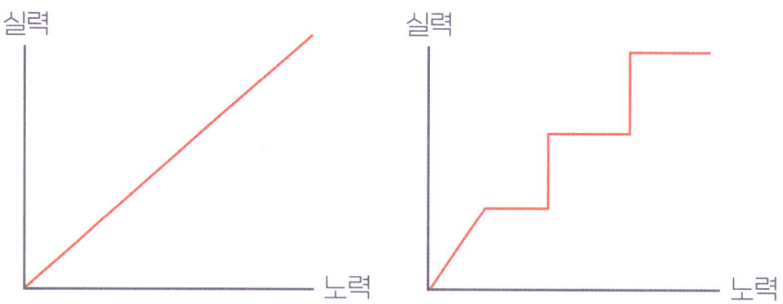

사람들은 왼쪽 그래프처럼 노력하면 바로 실력이 쭉쭉 높아지면서 좋은 결과가 나오기를 기대하지요. 하지만 실제로 실력이 성장하는 과정을 보면 오른쪽 그래프처럼 계단 모양이에요. 중간에 성장이 멈춘 것처럼 느껴지는 기간이 있어요.

여러분은 지금 그 기간을 지나고 있는 것인지도 몰라요. 이때 포기하지 않고 잘 견디면 실력이 한 계단 점프할 수 있어요. 이 점프를 느껴 본 사람은 그 즐거움이 크기 때문에 누가 시키지 않아도 더 열심히 하게 돼요.

좋은 결과를 얻기 위해서는 꾸준함과 시간이 필요하다는 점을 기억하세요. 성장이 멈춘 것 같은 기간을 통과하면 분명 더 큰 사람이 되어 있을 거예요.

2. 같은 방법으로 꾸준히 시도해야 하나요?

같은 방법으로 여러 번 노력했는데 결과가 좋지 못하면 전략을 바꾸는 것도 필요해요. 만약 혼자서 계속 연습했는데도 줄넘기 2단 뛰기가 잘 안 된다면, 잘하는 친구의 자세를 관찰하거나 그 친구에게 배우는 전략을 시도해 보세요.

10 자꾸 친구와 내가 비교돼요

내 이야기를 들어 봐

내 짝꿍 하윤이는 못하는 게 없다.

우리 반에서 공부도 제일 잘하고

피아노도 정말 잘 친다.

마음씨도 착해서 친구들에게 인기도 많고

매일 예쁜 원피스를 입어서 공주 같다.

나는 잘하는 것도 없고

친구들에게 별로 인기도 없다.

하윤이가 너무 부럽다.

내가 하윤이처럼 되면 얼마나 좋을까?

남보다 나에게 집중해요.

    친구의 멋진 모습 때문에 내 모습이 자꾸 초라해 보이고 자신도 없어질 때가 있어요. 여러 사람과 어울려 살아가면서 비교하는 감정이 생기는 것은 자연스러운 거예요. 누구나 어느 정도 다른 사람과 나를 비교하며 살아가거든요.

    하지만 남과 비교하는 습관은 사실 우리에게 전혀 도움이 되지 않아요. 나보다 잘나 보이는 사람 앞에서는 속상한 마음이 들고, 나보다 못나 보이는 사람 앞에서는 나도 모르게 잘난 체하게 되지요. 모두 다 해로운 감정이에요.

    비교를 너무 많이 해서 내가 못나게 느껴지고 괴롭다면, 빨리 비교에서 빠져나와야 해요. 먼저 다른 사람의 좋은 점을 배워서 내 것으로 만드는 방법을 연구해 보세요. 만약 친구가 피아노를 잘 친다면 부러워만 하지 말고 피아노를 열심히 연습해서 내 실력을 키우는 거예요.

남보다는 '어제의 나'와 비교해 보세요. '어제의 나'는 피아노로 한 곡을 끝까지 연주하지 못했는데 '오늘의 나'는 끝까지 연주할 수 있다면, 지금 나는 성장하고 있어요. '어제의 나'는 키가 아주 작았는데, '오늘의 나'는 이만큼 컸어요. 어제보다 오늘, 조금씩 자라는 기쁨을 느끼며 나만의 인생길을 뚜벅뚜벅 걸어가요.

친구를 부러워하는 마음이 생긴다면 다음 문장을 큰 소리로 따라 읽으며 그 생각에서 빠져나와요.

"비교하면 나만 속상해. 나에게만 집중하자!"
"다른 친구가 아니라 어제의 나하고 비교하자."

다른 사람의 가장 좋은 점과 나의 안 좋은 점을 비교하면 당연히 내가 질 수밖에 없어요. 내가 가지고 있는 좋은 점을 떠올려 보세요.

11 상을 받지 못해서 실망했어요

내 이야기를 들어 봐

오늘은 드디어 독후감 쓰기 대회의

수상자 발표 날.

며칠 동안 열심히 준비했으니

이번 대회의 우승은 나의 것!

그런데 어랏?!

잔뜩 기대했는데 수상자 명단에 내 이름은 없다.

지난번 과학 상상화 그리기 대회에 이어

이번에도 상을 못 받다니!

나는 열심히 해도 안 되는구나.

다음에는 아예 노력하지 말아야겠다!

'실패'는 '작은 성공'이에요.

　많은 친구가 성공은 100점, 실패는 0점인 것처럼 생각해요. 하지만 사실 그렇지 않아요. 성공이 100점이라면 실패는 약간 부족한 성공, 80점짜리 성공과도 같아요. 이러한 성공이 쌓이면 언젠가 100점이 되기도 하고요.

　이렇게 크고 작은 성공과 경험을 반복하는 사람만이 훗날 성장할 수 있어요. 원하는 결과를 얻지 못하는 것이 0점이 아니라, 아예 아무것도 하지 않은 게 0점이에요.

　에디슨이 전구를 발명했을 때 한 기자가 이렇게 물었어요.
"2,000번 넘게 실패했을 때 기분이 어땠나요?"
그러자 에디슨은 이렇게 대답했어요.
"실패라니요? 난 한 번도 실패한 적이 없습니다. 단지 2,000번의 단계를 거쳐 전구를 발명했을 뿐입니다."

단번에 원하는 결과를 얻지 못했다고 해서 그 경험이 쓸모없는 것이 아니에요. 무엇이든 해 보면 경험이 쌓여요. 그리고 그 경험은 당장은 아니더라도 언젠가 도움이 될 때가 많아요. 어떤 일을 '성공과 실패'로 단순하게 나누는 사람보다는 '성장과 경험'이라고 생각하는 사람이 훨씬 멋져요.

상, 용돈, 칭찬 스티커와 같이 눈에 보이는 보상만을 바라고 공부하는 사람보다 배우는 즐거움을 느끼면서 공부하는 사람이 꾸준히 발전할 수 있어요. 모든 도전에 최선을 다하고, 좋은 경험이라고 생각하면서 마음을 가뿐하게 가져 보세요.

연습해 볼까요?

 **성공과 실패와 관련된 명언을 읽어 보고, 나만의 명언을 만들어 보세요.**

나는 지금까지 9,000번도 넘게 경기에서 져 봤다.
계속 실패하고, 실패하고, 또 실패했다.
그것이 내가 성공한 이유이다.
— 마이클 조던(미국의 전설적인 농구 선수)

12 최선을 다했으니 괜찮아요

내 이야기를 들어 봐

수학시험에서 90점을 받았다.

하늘을 나는 것처럼 신난다!

매일 수학 숙제를 열심히 하고

시험 문제를 꼼꼼히 풀었더니

지난번보다 20점이나 올랐다!

95점을 맞은 친구도,

100점을 맞은 친구도 있지만 상관없다.

나는 이번에 최선을 다했으니까!

다음에는 더 잘할 수 있을 것 같아서 기분이 좋다.

최선을 다한 사람은 후회가 없어요.

올림픽 시상식을 본 적이 있나요? 금메달이 아닌 은메달, 동메달을 딴 선수들의 표정을 보면 늘 아쉬움보다는 만족하는 마음과 기쁨이 더 많이 느껴져요.

최선을 다한 사람은 1등을 하지 않아도 기쁨을 느낄 수 있어요. 무사히 끝냈다는 것이 후련하기도 하고, 최선을 다한 자신의 모습에 만족하지요. 이 느낌은 최선을 다해 본 사람만 알 수 있답니다.

어떤 친구는 시험에서 95점을 받고도 계속 속상해해요. 최선을 다한 자신을 100점 받은 친구와 비교하고, 틀린 문제에만 너무 신경을 쓰기 때문이에요.

그런데 또 다른 친구는 짝꿍이 100점이고 자신은 90점을 받았어도 아주 기뻐해요. 스스로 최선을 다했기 때문에 다른 친구의 점수는 눈에 들어오지 않아요. 노력한 자신의 모습이 마음에 드는 거예요.

내가 하고 싶은 일에 최선을 다한 사람은 후회가 없어요. 다른 사람의 기준이나 결과에 상관없이 내가 나를 뿌듯하게 느끼고, 인정하니까요. 최선을 다한 후에 스스로 만족하는 기쁨! 그 마음을 여러분이 느낄 수 있으면 좋겠어요.

다음은 우리나라의 유명한 MC이자 개그맨인 유재석 아저씨의 인터뷰 중 한 구절이에요.

"언젠가 다른 후배들에게 MC 자리를 넘겨주어야 한다는
생각 때문에 늘 마지막일 수 있다고 생각합니다.
그런 생각을 하면 매주 최선을 다할 수밖에 없어요.
그런 생각으로 하루하루를 살아갑니다."

이렇게 늘 최선을 다하는 태도야말로 유재석 아저씨를 오랫동안 정상의 자리에서 많은 사람에게 사랑받을 수 있게 만든 비결이 아닐까요?

13 터널이 무너질까 봐 불안해요

내 이야기를 들어 봐

얼마 전에 영화를 봤는데

터널이 무너져서 사람이 다치는 내용이었다.

그 후로 차를 타고 터널을 지날 때마다

무너질까 봐 무섭고 불안하다.

이번 주에는 비행기를 타고

가족 여행을 가기로 했는데

혹시 비행기가 추락하지는 않겠지?

나는 왜 이렇게 늘 불안할까?

걱정의 90%는 일어나지 않는 일이에요.

　약간의 불안은 살면서 필요한 감정이에요. 불안한 마음이 있기에 위험을 피할 수 있어요. 만약 불안한 마음이 전혀 없다면, 빨간불일 때 횡단보도를 건너거나 계곡에서 다이빙하는 것처럼 위험한 행동을 할지도 몰라요.

　하지만 일상의 모든 일에 너무 자주 불안한 마음을 느끼면 생활이 불편해져요. 위험하고 무서운 온갖 상상이 떠올라서 몸을 쉽게 움직이지도 못하고, 결국 아무 일도 하지 못하게 되겠지요.

　이럴 때는 내 머릿속 상상을 멈춰야 해요. '잘못된 생각'을 '알맞은 생각'으로 고쳐 주는 거예요. 이렇게요.

터널이 무너질 것 같다. (잘못된 생각)

↓

영화와 실제는 다르다. 그런 일은 생기지 않는다. (알맞은 생각)

생각을 알맞게 고치는 연습을 하면 점점 습관이 돼서 불안한 마음이 줄어들어요. 우리가 걱정하는 일의 90%는 실제로는 일어나지 않는 일이고 10%는 내가 어떻게 할 수 없는 일이라고 해요. 걱정을 해 봤자 시간 낭비이고 내 손해라고 생각하며 불안한 마음에서 조금씩 벗어나세요.

연습해 볼까요?

요즘 나의 가장 큰 걱정은 무엇인가요? 스케치북이나 색종이에 생각나는 걱정들을 모두 적어 보세요.

그 종이를 찢어서 쓰레기통에 버리거나 종이비행기를 접어서 하늘에 날리며 "쓸데없는 걱정은 이제 그만!"이라고 외쳐 보세요. 마음이 한결 가벼워질 거예요.

14 나는 잘하는 게 없어요

내 이야기를 들어 봐

내 친구들은 정말 멋지다.

수아는 영어 말하기를 참 잘한다.

영어 동화책도 혼자 읽을 수 있다고 한다.

하영이는 우리 학교 수영 대표이다.

얼마 전 수영 대회에서 상도 받았다.

여기서 엄청난 반전! 나는 잘하는 게 없다.

아무리 생각해 봐도

내가 뭘 잘하는지 모르겠다.

내가 잘하는 게 있을까?

꾸준함이 더 나은 나를 만들어요.

'재능'은 어떤 일을 하는 데 필요한 재주와 능력이에요. 무엇인가를 잘하는 능력이라고 할 수 있지요.

우리는 어떤 일을 처음부터 뛰어난 재능을 가지고 잘하기를 바라요. 하지만 어찌 보면 여러분이 지금 잘하지 못하는 게 당연해요. 실제로 어떤 일의 전문가가 되려면 꽤 오랜 시간이 필요하거든요.

재능은 꾸준한 노력으로 키울 수 있어요. 여러분도 분명히 잘하는 게 있을 거예요. 아직 발견하지 못했을 뿐이지요. 시간이 조금 걸리더라도 포기하지 않고 꾸준히 노력하는 사람은 매일 더 나은 사람이 되어가요.

수많은 대회에서 우승한 김연아 피겨스케이팅 선수도 처음부터 빙판 위에서 점프를 잘한 것은 아니에요. 세계적인 가수 방탄소년단도 처음부터 지금처럼 춤을 잘 춘 것은 아니고요. 모두 보이지 않는 곳에서 오랫동안 애쓴 결과이지요.

좋아하고 익숙한 일부터 꾸준히 하면서 재능을 키워 봐요. 내가 좋아하는 게 뭔지 궁금하다면 나를 잘 아는 친구들이나 가족에게 물어보는 것도 좋아요.

연습해 볼까요?

 1. 다음 중 좋아하는 일을 골라서 O표를 하고, 좋아하는 일을 잘하는 일로 바꾸기 위해 어떤 노력을 할 수 있을지 써 보세요.

발명하다	여행하다	다른 사람을 도와주다	글을 쓰다
악기를 연주하다	춤추다	실험하다	노래하다
계산하다	치료하다	그리다	달리다	가르치다
운동하다	계획을 세우다	건축하다	디자인하다
대화하다	말하다	외국어를 하다	연기하다

예 가르치다 - 동생에게 퍼즐 맞추기를 가르쳐 준다.
　　디자인하다 - 종합장에 내가 입고 싶은 드레스를 그리고 색칠한다.

(　　　　　) :
_____

CHAPTER 3

나는 나를
믿어요

자기 확신

15 내 마음대로 안 돼서 화나요

분노

내 이야기를 들어 봐

쉬는 시간에 친구들이랑 딱지치기를 하는데

내 딱지만 계속 넘어가서 두 번이나 졌다.

너무 짜증이 나서 친구들을 노려봤다.

안 그래도 마음이 답답한데

음악 시간에 리코더를 불다가

이상한 소리가 계속 나니까 더 화가 났다.

내 마음대로 되는 게 하나도 없다.

소리를 빽 지르고 싶어!

천천히 심호흡하며 마음을 달래요.

　화가 날 때 내 마음은 마치 부글부글 끓는 화산 같아요. 얼굴이 빨개지고 손이 떨리기도 하지요. 소리를 지르고 싶기도 하고 다른 사람을 노려보게 되기도 하고 심장이 쿵쾅쿵쾅 뛰기도 해요.

　화가 난 마음에 이름을 붙여주면 화를 가라앉히는 효과가 있다고 해요. 화가 날 때는 잠시 생각을 멈추고 '폭발이가 또 찾아왔네. 내가 지금 속상하구나.', '딱지치기를 잘 못해서 화가 났구나.' 하며 내 마음 상태를 들여다보는 거예요.

　그런데도 화가 난다면 자리를 피해서 화장실이나 다른 장소로 가는 것도 좋아요. 눈을 감고 심호흡하며 마음을 가라앉히고 나면 화난 마음이 스르륵 녹을 거예요. 선생님이 화를 가라앉히는 방법을 몇 가지 알려 줄게요.

1. 편안한 자세로 앉아서 마음속으로 4초를 세며 코로 천천히 숨을 들이쉬고 뱃속에 공기를 가득 채운다.
2. 마음속으로 4초를 세면서 입으로 숨을 천천히 내쉬고 들이쉬었던 공기를 비운다.
3. "화를 내보냈어."라고 마음속으로 말한다.
4. 1~3의 과정을 천천히 다섯 번 반복한다.

그래도 화난 일이 자꾸 떠오른다면 재미있는 만화 보기, 놀이터에서 놀기, 노래 부르기처럼 좋아하는 활동을 해 보세요. 속상하고 화난 마음을 친구나 부모님에게 털어놓으며 도움을 구해도 좋아요.

연습해 볼까요?

화난 마음에 이름을 붙이면 화를 가라앉힐 수 있어요. 화난 내 마음을 뭐라고 부르면 좋을까요?

_____

내가 만든 이름을 부르며, 화난 마음에게 이렇게 말해 주세요.
"(   )야, 또 찾아왔네.
내 마음속에 너무 오래 있지는 말고 금방 돌아가."

16 5분만 더 있다가 할래요!

내 이야기를 들어 봐

내 별명은 '5분만'이다.

아침에 엄마가 깨워 주셔도

"5분만 더 잘래요." 한다.

게임을 더 하고 싶을 때도,

텔레비전을 더 보고 싶을 때도

"5분만 더!"를 외친다.

숙제도 공부도 귀찮고 아무것도 하기 싫은데.

그냥 계속 놀기만 할 수는 없을까?

5초를 세고 시작해요!

공부도 숙제도 하기 싫고, 아침에 일찍 일어나서 학교에 가는 것도 힘들 때가 있지요? 할 일을 미루고 자꾸 게으름을 피우고 싶을 때도 있고요.

매일 아침 여러분의 은행 계좌에 84,600원이 들어온다고 상상해 보세요. 하루가 지나면 그 돈은 사라지고, 다음 날 또 같은 돈이 들어와요. 그렇다면 사람들은 매일 84,600원을 전부 쓰거나 계좌에서 찾기 위해 최선을 다할 거예요. 돈을 남기면 손해니까요.

시간은 우리에게 이 돈과 같아요. 우리는 매일 84,600초를 받아요. 사용하지 못하는 시간은 사라져서 다음 날로 저축할 수도 없지요. 게으름에 빠지면 소중한 시간을 낭비하게 돼요. ==시간은 누구에게나 똑같이 주어지지만, 이 시간을 어떻게 쓰는지에 따라 삶은 많이 달라져요.==

『5초의 법칙』이라는 책에서는 시간을 버리지 않고 곧바로 몸을 움직이게 하는 방법을 소개해요. 바로 어떤 일을 시작하기 전에 "5, 4, 3, 2, 1!"을 세는 거예요. 간단하지요?

아침에 침대에서 꾸물거리느라 지각을 자주 한다면 알람 소리를 듣자마자 숫자를 세고 바로 일어나요. 로켓이 5초 후 발사되는 것처럼요. "5, 4, 3, 2, 1! 일어나자!"

내 모습을 한번에 바꾸기는 어렵지만 작은 것부터 하나씩 고쳐 보려고 노력하면 돼요. 다른 누구를 위해서가 아니고, 나를 위해서요. 숙제하기, 공부하기, 방 청소하기, 서랍 정리하기 등 여러분이 미루고 있는 일을 떠올려 보세요. 잠깐 책을 덮고 그 일부터 시작해 볼까요? "5, 4, 3, 2, 1! 하자!"

게으름에도 종류가 있다?

게으름에도 종류가 있어요. 게으름뱅이의 세 가지 유형을 살펴보고, 이런 게으름뱅이 친구들을 위한 처방전을 선물할게요.

1. 완벽주의 게으름뱅이

모든 일을 정말 완벽하게 잘하고 싶어서 오래 고민하느라 시작을 미루는 친구가 있어요. 이때는 처음부터 너무 잘하려는 마음을 조금 내려놓아야 해요.

'잘하지 못하면 뭐 어때? 해 보고 아님 말고.'라고 생각하며 가벼운 마음으로 시작해 보세요. 완벽주의 게으름뱅이 친구에게는 '가볍게 시작하는 용기'를 처방할게요.

2. 지친 게으름뱅이

몸과 마음이 많이 지쳐 있으면 아무것도 하기 싫은 게으름의 늪에 빠지게 돼요. 이런 경우에는 충분히 쉬어야 다시 에너지를 충전할 수 있어요.

예를 들어, 학원을 너무 많이 다녀서 지쳐 있는 상태라면 부모님과 의논하여 학원을 줄이는 방법을 생각할 수 있어요. 지친 게으름뱅이 친구에게는 '충분한 휴식'을 처방할게요.

3. 미루는 게으름뱅이

미루는 게으름뱅이는 귀찮아서 그 일을 계속 미루는 친구예요. 이런 친구에게는 앞에서 소개한 '5초의 법칙'과 함께 '생각을 말로 표현하기'를 처방할게요. 내 생각을 말로 표현하는 것만으로 우리 뇌는 힘을 얻게 돼요.

숙제해야 하는데 계속 놀고 있다면 "충분히 놀았으니 이제 숙제를 하자."라고 말해 보세요. 생각을 말로 표현하면 원하지 않는 행동을 멈추는 데 도움이 될 거예요.

17 내 편은 아무도 없는 것 같아요

외로움

내 이야기를 들어 봐

작년에 동생이 태어났다.

이제는 엄마, 아빠가 동생만 자주 안아 주신다.

나는 별로 사랑하시지 않는 것 같다.

쉬는 시간에 다른 친구들은

끼리끼리 모여서 이야기를 나누지만

나는 친한 친구도 없어서

그냥 자리에 앉아 있다.

세상에 나만 혼자인 것 같다.

왜 내 편은 없을까?

따로 또 같이 즐겁게 지내요.

그림책 『너도 외롭니?』에 나오는 친구들은 외로울 때 어떻게 하면 기분이 좋아질지 서로 이야기를 나눠요. 동생이 없어 외로운 친구에게는 강아지를 키워 보라고 하고, 친구에게 다가가는 게 어려운 친구에게는 먼저 "안녕."이라고 말해 보라고 권하지요.

이 그림책 속 친구들처럼 우리도 가끔 외로움을 느껴요. 엄마, 아빠가 동생이나 형(오빠), 누나(언니)만 예뻐하는 것 같고, 친구들도 나를 별로 안 좋아하는 것처럼 느껴지는 것처럼 말이에요.

하지만 사실 그건 나 혼자만의 생각일 수도 있어요. 부모님은 여러분을 다른 형제자매와 똑같이 사랑하시거든요. 그런데 우리는 보통 자기가 사랑을 덜 받고 있다고 잘못 생각하지요.

아마 친구들도 여러분과 친해지고 싶은 마음을 갖고 있어서, 말 걸어 주기만을 기다리고 있을지도 몰라요. 여러분이 먼저 다가가면 반가워할 거예요. 외로움에서 벗어나고 싶다면 친구에게 관심을 두고 다가가는 용기가 있어야 해요.

때로는 혼자만의 시간을 보내는 것도 필요해요. 혼자 있으면 나에게 더 집중할 수 있고 내 실력을 쑥쑥 키울 수 있어요. 혼자 보내는 시간을 외롭다고 생각하지 말고, 나에게 집중하는 시간이라 생각해 보세요.

책 읽기, 운동하기, 악기 연주하기처럼 좋아하는 일에 집중하면서 나를 더 알아갈 수 있어요. 다른 사람과 따로 또 같이 즐기며 행복한 시간으로 채워 가요.

연습해 볼까요?

 여러분은 언제 외로움을 느끼나요? 외로움을 느낄 때 무엇을 하면 기분이 좋아지는지 생각해 보세요.

_____

_____

18 자꾸 기분이 우울해요

내 이야기를 들어 봐

요즘은 재미있는 일이 없다.

친구랑 놀기, 책 읽기, 게임하기, 그림 그리기….

전부 내가 좋아했던 것들인데

이제는 다 별로다.

엄마는 자꾸 무슨 일 있냐고 물어보는데

아무 말도 하기 싫고 그냥 다 귀찮다.

"아, 몰라~"

몸이 아픈 것도 아닌데

자꾸 혼자 있고 싶은 마음만 드는 건 왜일까?

마음이 힘들 때는 잠시 쉬어가도 좋아요.

전에 재미있던 것들이 요즘 따라 재미없게 느껴지나요? 이유 없이 자꾸 짜증이 나고 아무것도 하고 싶지 않나요?

몸이 피곤하면 감기에 걸리는 것처럼, 마음이 힘들면 마음 감기에 걸려요. 친구나 가족에게 상처받는 일이 있을 때, 어떤 일로 너무 힘들어서 지쳤을 때 마음에도 감기가 찾아와요.

기분이 별로 안 좋고 온몸에 힘이 없을 때는 휴식이 필요해요. 맛있는 음식을 먹으며 스트레스를 풀거나 기분 좋아지는 활동을 해보세요. 강아지랑 산책하기, 부모님과 껴안기, 좋아하는 음악 듣기, 따뜻한 물로 목욕하기, 소파에 누워 뒹굴뒹굴하기 등 무엇이든 좋아요.

부모님과 함께 야외 활동을 하는 것도 추천해요. 상쾌한 공기를 마시며 크게 심호흡하고 몸을 움직여 보세요. 달리기, 걷기, 줄넘기 등 무엇이든 좋아요. 따스한 햇볕을 쬐면서 기지개를 켜요. 햇볕을 쬐면 마음이 편안해지는 호르몬이 나오니 기분이 한결 나아질 거예요.

연습해 볼까요?

 요즘 내가 마음 감기에 걸리지는 않았는지 점검해 보세요. 다음 문장 중에서 2개 이상이 내 이야기라면, 부모님이나 선생님께 도움을 받는 것이 좋아요.

- ☐ 나는 자주 슬프다.
- ☐ 나는 나에게 나쁜 일이 일어날까 봐 걱정한다.
- ☐ 나는 어떤 일도 재미가 없다.
- ☐ 나는 밤에 잠들기가 어렵다.
- ☐ 나는 울고 싶은 기분인 날이 많다.

19 친구의 말이 자꾸 생각나요

상처

내 이야기를 들어 봐

"나도 아이돌 가수가 되고 싶어."

민호랑 같이 텔레비전 속

아이돌 가수의 공연을 보다가 말했다.

그런데 내 말을 들은 민호가 말했다.

"가수는 노래를 정말 잘해야 하는데

네가 할 수 있겠어?"

민호랑 헤어지고 나서도

나를 무시하던 민호의 말이 자꾸 생각난다.

혹시 민호가 나를 싫어하는 걸까?

다른 사람의 말과 '진짜 나'는 달라요.

친한 친구일수록 오히려 더 상처 주는 말을 할 때가 있어요. 자주 놀고 서로 편하니 더 그런 것 같아요. 가끔 지나치게 솔직해서 다른 사람에게 상처를 준다는 걸 잘 모르는 친구도 있고요.

우리는 다양한 사람과 어울려 살아가기 때문에 상처를 아예 안 받고 살 수는 없어요. 하지만 상처 때문에 혼자서 끙끙댈지, '쟤 생각은 그런가 보다.' 하고 가볍게 훌훌 털어버릴지는 내가 선택할 수 있어요.

친구가 나에게 상처 주는 말을 했다고 '혹시 나를 싫어하는 걸까?' 하고 고민하지 않아도 돼요. 그 친구가 별 생각 없이 한 말일 확률이 높으니까요. 나중에 물어보면 자신이 그런 말을 했었는지도 기억하지 못하는 친구가 많아요.

나를 쉽게 판단하는 친구에게 '내가 그렇지 않다는 걸 보여주지!' 하는 마음으로 더 노력한다면, 나중에 내 실력을 본 친구가 깜짝 놀랄 거예요. 이때 친구의 말은 상처가 아니라 나를 발전시키는 힘이 돼요.

　만약 친구가 여러 번 상처 주는 말을 하면서 나를 무시한다면 "하지 마!"라고 단호하게 말해요. "네가 그렇게 말해서 내 마음이 속상해."라고 표현해 봐요. 그러면 친구도 자기 잘못을 깨달을 수 있을 거예요.

20 자꾸 다른 사람의 눈치가 보여요

내 이야기를 들어 봐

수업 시간에 선생님이 퀴즈를 내주셨다.

아는 내용이어서 손을 들고 말하고 싶었지만

친구들이 잘난 체한다고

생각할까 봐 그냥 참았다.

학원에서는 서우랑 하연이가

귓속말을 하는 걸 보았다.

나만 빼고 무슨 얘기를 한 걸까?

혹시 내 얘기일까?

친구들이 나를 싫어할까 봐

자꾸 신경 쓰인다.

모든 사람이 나를 좋아할 수는 없어요.

'눈치'란 다른 사람의 속마음을 짐작하는 거예요. 살아가면서 눈치는 어느 정도 필요해요. 눈치 있는 사람은 다른 사람의 마음을 빨리 알아챌 수 있거든요.

하지만 지나치게 눈치를 보거나 다른 사람이 나를 어떻게 생각하는지 너무 신경 쓰면 피곤해져요. 그러다 조금이라도 안 좋은 말을 들으면 크게 상처를 받게 되지요.

모든 사람에게 사랑받고 싶어서 자꾸 주눅 들고 눈치 보게 된다면, '모두가 나를 좋아할 수 없다.'라는 사실을 우선 받아들여야 해요. 나를 생각해 주는 소중한 사람들이 있으니 그들에게 더 집중해서 행복한 시간을 보내면 돼요.

친구들이 수군대는 것 같으면 '뭔가 재미있는 일이 있나 봐. 그리고 내 얘기를 하면 뭐 어때? 친구들은 원래 남 얘기를 많이 해.'라고 가볍게 넘겨 보세요. 친구들에게 다가가 지금 무슨 대화를 하는지 물어봐도 좋고요. 내 예상과 달리, 친구들은 내 얘기가 아니라 다른 얘기를 하는 경우가 많아요.

인터넷에서 유튜버 박막례 할머니의 말이 큰 화제가 된 적이 있어요.

"왜 남한테 장단을 맞추려고 하나.
북 치고 장구 치고 네가 하고 싶은 대로 치다 보면
그 장단에 맞추고 싶은 사람들이 와서 춤추는 거야."

다른 사람에게 너무 맞추려고 애쓰면 진짜 내가 원하는 게 무엇인지 알 수 없어요. 그러면 남이 원하는 대로 살게 되지요. 내 모습 그대로 편하게 지내는 사람이 훨씬 매력적이에요. 남의 시선을 너무 신경 쓰지 마세요.

21 친구의 말대로만 하게 돼요

내 이야기를 들어 봐

학교 끝나고 집에 오는 길에

친구가 핫도그를 사 먹자고 했다.

점심에 밥을 많이 먹어서 배불렀지만

친구가 먹자고 하니까

그냥 꾹 참고 같이 먹었다.

그런데 소화가 잘 안 됐는지

속이 계속 더부룩하다.

그래도 친구의 부탁을 잘 들어주고

양보도 잘하면 친구가 좋아하겠지?

내 생각을 말하는 연습을 해요.

'주관'은 자기만의 생각이에요. 주관이 없는 친구들은 자신의 생각을 남에게 잘 말하지 못해요. 그래서 친구가 가자고 하는 곳에 가고, 하자고 하는 놀이를 하지요.

선생님이 그동안 학생들을 관찰해 보니 다른 사람의 말만 따르는 친구는 두 가지 경우가 있었어요. 첫 번째는 자신을 좋아해 주기를 원해서 친구 말에 따르는 경우예요. 친구의 말을 잘 따르는 게 친구와 잘 지내는 방법이라고 생각하는 것이지요. 친구에게 무조건 양보를 하는 게 좋다고 생각하기도 하고요.

두 번째는 무언가를 직접 선택하는 게 부담되고 귀찮아서 다른 친구에게 선택을 넘기는 경우예요. 어떤 것을 선택했다가 안 좋은 결과가 나오는 것을 피하고 싶은 것이지요.

주관

　작은 일도 스스로 결정해 봐야 생각하는 힘, 나를 믿는 힘이 자라요. 다른 사람의 말만 따르다 보면 내 생각이 뭔지, 내 마음이 어떤지 알기 어려워요. 어른이 되면 스스로 결정해야 할 일이 많아지는데 주관이 없는 친구는 결정을 잘 내리는 것이 어려워요.

　친구의 의견에만 따르고 내 생각을 말하지 않는다면, 친구가 나를 무시하게 될 수도 있어요. 자기 말을 다 들어주니까 나를 얕잡아 볼 수도 있고요.

　오늘부터 친구에게 내 생각을 말하는 연습을 해 보세요. 친구의 반응이 좋지 않아도 괜찮아요. 나는 나만의 생각을 하고, 그런 내 생각을 당당히 말할 수 있는 사람이니까요.

　자신의 의견만 내세우는 고집쟁이가 아니라면, 오히려 사람들은 자기 생각이 확실한 사람에게 더 매력을 느껴요. 내 생각을 말하는 습관을 들이면 나만의 생각, 나만의 색깔을 가진 사람이 될 수 있답니다.

CHAPTER

마음의 힘을 길러요

자신감

22 좋게 생각할래요

내 이야기를 들어 봐

내일은 처음으로 미술 학원에 가는 날!

친구들이 나를 별로 안 반겨 주면 어떡하지?

나 혼자 잘 못 그리면 창피해서 어떡해?!

생각이 많아서 학원에 가기 싫어졌다.

그런데 아빠가 이렇게 위로해 주셨다.

"앞으로 친해질 친구가 많아서 좋고,

더 많이 배우고 성장할 수 있어서 좋네!"

아빠의 말을 들으니 안심된다.

그래, 좋게 생각해야지!

내일 학원에 가는 게 정말 기대된다!

좋은 말에 더 귀 기울여요.

　긍정적으로 생각하는 친구의 모습을 선생님이 힘껏 응원해 주고 싶네요. 같은 일을 겪어도 마음을 어떻게 먹느냐에 따라 기분도 상황도 달라져요. 긍정적인 사람은 안 좋은 일이 있을 때 빨리 극복하고 마음의 안정을 찾아요. 능력이 비슷한 두 사람이 있으면, 긍정적으로 생각하는 사람이 훨씬 더 좋은 결과를 얻는다고 해요.

　친구와 안 맞는 점이 있을 때 긍정적인 사람은 '안 맞는 부분이 있지만 잘 맞는 부분도 있어.'라며 좋은 점에 집중해요. 부정적인 사람은 '이 친구와 나는 정말 안 맞아. 계속 친구로 지내기 어렵겠어.'라고 나쁜 점에 집중하고요.

　슬픔, 화, 실망감 등 안 좋은 감정이 마음속에 떠올랐을 때, 긍정적인 사람은 빨리 회복하고 다시 행복을 되찾지만 부정적인 사람은 여기에 빠져서 오랫동안 괴로워해요.

어떤 걱정이 있을 땐 잠시 지나가는 일이라고 여기고 좋은 해결 방법을 생각해 보세요. 내 마음을 힘들게 하는 부분에 집중하기보다는 좋은 점을 찾아봐요. 오늘 하루도 긍정을 선택해요!

긍정

연습해 볼까요?

1 여러분의 마음을 힘들게 하는 일을 자세히 살펴보면 좋은 점도 있을 거예요. **나쁜 생각을 좋은 생각으로 바꾸는 연습을 해 봐요.**

걱정하는 마음이 들 때

친구들이 나랑 친해지고 싶어 하지 않으면 어떡하지?

↓

Stop! 걱정을 멈춰요.

걱정은 그만하자!

↓

Change! 나쁜 생각을 좋은 생각으로 바꿔요.

지금 친한 친구들과도 처음에는 다 어색했는걸!
새로운 친구를 만나는 일은 정말 즐거운 경험이야.

궁금한 게 있어요!

좋은 생각은 어떻게 키워요?

긍정적인 마음을 지닌 사람은 어떤 문제를 만나도 잠깐 지나가는 일이라고 생각하고, 부정적인 마음을 지닌 사람은 그 문제가 사라지지 않고 계속되는 일이라고 생각해요.

긍정적 생각 (잠깐)		부정적 생각 (계속)
곧 친한 친구가 생길 거야.	↔	앞으로도 계속 친한 친구가 없을 거야.

긍정적으로 생각하는 사람은 어떤 문제를 일부분으로 생각하고, 부정적으로 생각하는 사람은 어떤 문제를 전체로 확대해서 생각해요.

긍정적 생각 (부분)		부정적 생각 (전체)
그림 실력이 부족하지만 다른 걸 잘하니까 괜찮아.	↔	그림 실력이 부족해서 친구들이 나를 놀릴 거야.

부정적인 생각에 집중하는 사람은 잘되지 않는 일이 하나 있으면 '어차피 나는 뭘 해도 안 돼.' 하며 포기해 버려요. 이런 마음이 들 때

는 내가 한 가지 일을 지나치게 안 좋은 쪽으로 부풀리고 있다는 것을 깨닫고, 부정적인 생각에서 빠져나와야 해요.

부정적인 생각에서 벗어나고 긍정적인 생각을 키우는 방법이 있어요. 바로 '감사하는 습관 들이기'예요. 일상의 사소한 것에도 소중함을 느끼고 감사하는 말이나 행동을 하면 우울을 막는 호르몬이 나와서 기분이 좋아져요.

좋은 생각을 키우는 3가지 방법

1 일기를 쓸 때 맨 아랫줄에 오늘의 감사한 일을 세 가지 써 보세요. 좋아하는 메모장이나 다이어리에 써도 좋아요.

> 예 [오늘의 감사한 일] 오늘 먹은 귤이 맛있어서 감사하다. 친구와 놀이터에서 재미있게 놀아서 감사하다.

2 자기 전에 오늘 경험했던 감사한 일을 머릿속에 떠올려 보세요.

> 예 오늘 어떤 일이 있었지? 오늘 체육 시간에 발야구가 정말 재미있었어. 재미있는 게임을 알려 주신 선생님께 감사해.

3 나만의 감사 문장을 2~3개 정도 정해서 외우고, 매일 아침 말하면서 하루를 시작해 봐요.

> 예 가족이 있어서 감사하다. 숨 쉴 수 있어서 감사하다. 건강해서 감사하다.

23 내 마음을 잘 전하고 싶어요

의사 표현

내 이야기를 들어 봐

짝꿍 준수가 내 책상 위에 있던 풀을 마음대로 가져가서 썼다.

"너 도둑이니? 왜 내 물건을 함부로 가져가?"

기분이 나빠서 준수에게 따졌다.

"도둑이라니? 말이 너무 심한 거 아니야? 짝끼리 물건 좀 빌릴 수도 있잖아!"

"그래도 말을 하고 가져가야지!"

결국 소리를 지르며 싸우고 말았다.

준수는 왜 내 속상한 마음을 몰라줄까?

'나 메시지'로 말해요.

친구가 허락 없이 내 물건을 사용했거나, 빌린 물건을 돌려주지 않으면 기분이 상하지요? 이럴 때 화내거나 친구를 비난하면 친구도 기분이 나빠져서 말다툼으로 이어지기도 해요. 친구가 잘못한 일이더라도, 내가 무조건 화를 내면 친구는 나의 속상한 마음을 이해하기보다는 자기 기분이 나쁜 것에 더 집중하게 돼요.

친구와 사이가 나빠지지 않으면서도 내 마음이 편안해지는 '나 메시지'로 말해 보세요. '나 메시지'는 나를 중심에 두고 마음을 전하는 방법이에요. '친구의 행동 - 나의 마음 - 제안'을 정리해서 말해요.

네가 내 허락 없이 내 물건을 쓰면 (친구의 행동)
나는 속상해. (나의 마음)
앞으로 나한테 허락을 받은 후에 쓰면 좋겠어. (제안)

'제안'을 말할 때는 명령하듯이 "앞으로 내 물건 쓰지 마!"라고 말하지 않는 것이 좋아요. 명령하는 말투는 잔소리처럼 느껴지거든요. "허락을 받은 후에 쓰면 좋겠어.", "나한테 물어보고 쓸 수 있어?"처럼 친구가 선택할 기회를 주는 말이 더 효과적이에요.

'나 메시지'로 말한다고 해서 모든 친구가 바로 사과하는 것은 아니지만, 무작정 화를 낼 때보다는 싸움이 줄어요. 그리고 무조건 참지 않고 나의 기분을 전하게 되니까 내 마음을 더 편안히 지킬 수 있을 거예요.

연습해 볼까요?

 **1** 급식 시간에 친구가 새치기를 했어요. 친구에게 전하고 싶은 말을 '나 메시지'로 말해 보세요.

친구의 행동: _____

나의 마음: _____

제안: _____

24

이게 바로 나예요

내 이야기를 들어 봐

요즘 반 친구들은 매일 게임 얘기를 한다.

어제도 다들 게임을 했나 보다.

나한테도 같이 하자고 한다.

그런데 나는 게임보다는 책 읽기가 좋다.

혼자 조용히 책을 읽는 게 더 재미있는걸?

친구들이랑 노는 것도 좋지만

억지로 게임을 배우거나

책을 안 읽을 수는 없다.

책을 좋아하는 내 모습이 진짜 나니까.

있는 그대로의 나를 받아들여요.

    자존감을 지키기 위해서는 조건 없이 나를 받아들이는 마음이 필요해요. 뚱뚱하든 날씬하든, 공부를 잘하든 잘하지 않든 상관없이 내가 그냥 나인 것을 받아들이는 거예요.

    외모, 성적, 가정환경, 성격과 같은 조건은 나의 전부가 아니라 나를 이루는 부분 중 하나일 뿐이에요. 다른 사람이 생각하는 나도 내 전부가 아니에요. 있는 그대로의 내가 특별하고 소중하다는 사실을 받아들이세요. 이렇게 나를 있는 그대로 받아들이면 당당한 기분이 들 거예요.

    있는 그대로의 내가 별로라고요? 부족한 점이 많다고요? 아무리 잘나 보이는 사람이라도 자신의 모든 점을 좋아하지는 않아요. 사람은 누구나 부족한 점을 가지고 있어요. 나의 장점도, 단점도 모두 품어 보세요.

만약 '뛰어난 나', '칭찬받는 나'만 인정하고 '실수하는 나'는 받아들이지 않는다면, 잘나지 않은 내 모습은 거부하는 거예요. 하지만 항상 내가 뛰어날 수는 없어요. 이런 태도로는 나를 진심으로 좋아하기 어려워요. 나는 그냥 나예요. 잘난 나도, 칭찬받는 나도 아닌 나 자체로 충분해요.

주의! 친구에게 기분 나쁜 말이나 행동을 한 뒤에 '뭐, 이게 나인 걸 어떡해?'라고 뻔뻔하게 생각하면 안 돼요. 있는 그대로의 나를 받아들이는 것이 발전 없이 머물러 있는 걸 말하는 건 아니에요. 나의 실수도 진심으로 받아들인다면, 고칠 점은 고치려고 노력하게 돼요.

연습해 볼까요?

 내 마음속에는 '뛰어난 나', '칭찬받는 나'도 있지만, '실수하는 나', '상처받은 나'도 있어요. 마음 한구석, 캄캄한 방 안에 숨어 있는 나에게 "괜찮아."라고 말해 주세요.

예) 괜찮아. 있는 그대로의 내 모습이 더 소중해.

25 한번 도전해 볼래요

내 이야기를 들어 봐

오늘 선생님이 동요 대회에 나갈 사람은

참가 신청서를 내라고 하셨다.

나는 노래 부르기를 좋아한다.

엄마, 아빠도 내 노래가 듣기 좋다고

매일 불러 달라고 하신다.

동요 대회에는 나보다 노래를

훨씬 잘 부르는 친구도 많겠지?

상은 못 받을지 몰라도 재미있는 경험이 될 거야.

한번 도전해 봐야지!

서툴러도 하나씩 도전해 봐요.

"한번 도전해 봐야지!"라는 친구의 씩씩한 말에 선생님은 반했어요. '자신감'은 어떤 일을 잘할 수 있다는 느낌이에요. 가끔 무엇이든 완벽하게 잘할 수 있다는 믿음을 자신감이라고 오해하는 친구도 있어요. 어른도 완벽하지 않은데, 이제 아홉 살이 된 여러분이 완벽하게 잘하는 건 너무 어려운 일이 아닐까요?

자신감은 잘 안 되더라도 다시 해 보려는 마음에서 나와요. 늘 잘해야 한다는 불안이 오히려 자신감을 떨어뜨릴 수 있어요. "잘하지 못해도 돼. 일단 한번 해 보자."라고 생각해 보세요. 내가 하고 싶은 것에 집중하고 편안한 마음으로 도전하면, 불안한 마음은 먼지가 바람에 날아가듯이 사라질 거예요.

처음 자전거 타는 법을 배울 때 세발자전거부터 시작하는 친구가 많지요? 꾸준히 연습하고 도전하다가 어느 순간 두발자전거를 탈 수 있게 됐을 거예요. 자전거를 타다가 넘어지기도 해요. 하지만 넘어지고 부딪혀야 자전거를 능숙하게 타는 법을 익힐 수 있어요.

처음부터 왜 이렇게 못하냐고 자기 자신을 혼내지 않기로 해요. 처음부터 잘하는 사람은 없어요. 잘 안 되더라도 포기하지 않고 꾸준히 하면 조금씩 나아져요. 그 과정을 통해 내가 할 수 있다는 믿음인 자신감이 쑥쑥 자랄 수 있어요.

연습해 볼까요?

 **1** **자신감이 높아지는 자세와 태도를 연습해 봐요.**

❶ 목, 어깨, 가슴, 허리를 폅니다.

❷ 심호흡을 천천히 하고 서두르지 않습니다.

❸ 다른 사람과 눈을 맞춥니다.

❹ 크고 또박또박한 목소리로 말합니다.

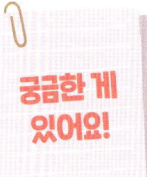

마음의 근육을 키워요!

　영국의 유명한 소설가 조앤 롤링은 첫 번째 책인 『해리 포터와 마법사의 돌』이 출판되기까지 출판사에서 열두 번 거절당했어요. 또 세계적인 농구선수 마이클 조던은 고등학교 농구팀에서 퇴출당한 적이 있지요.

　성공한 사람들은 대부분 수많은 실패를 딛고 다시 일어났어요. 많은 전문가는 말해요. 사람이 세상을 살아갈 때 꼭 갖추어야 할 능력은 실패했을 때 계속 일어날 수 있는 '회복 탄력성'이라고요. 용수철은 세게 눌러도 금방 '뿅' 하고 튀어 오르지요? 회복 탄력성은 노력한 일이 잘되지 않아도 용수철처럼 금방 일어나는 '마음의 근육'이에요.

　마음의 근육을 기르면 결과가 좋지 않거나 속상한 일이 있을 때도 회복이 빨라요. "아쉽지만 다음에 더 잘할 수 있어." 하며 훌훌 털고 일어날 수 있지요.

문제를 틀리거나 실수하면 뇌의 연결선이 활발하게 움직여서 새로운 길을 만든다고 해요. 어려운 문제를 만나서 쩔쩔맬 때, 실수하거나 틀렸을 때마다 뇌가 더 성장하는 거예요. 그러니 실수하는 과정이 배움이라는 점을 알고, 틀리는 것에 당당해야 해요.

어려운 일을 만나면 "내가 발전할 만한 일을 만났구나."라고 생각해 보세요. 문제를 틀렸을 때 "내 실력에 도움이 될 만한 문제를 만났네. 앞으로 비슷한 문제는 안 틀릴 수 있겠다."라고 긍정적으로 생각해 봐요.

운동하면 할수록 근육이 생기는 것처럼 마음의 근육도 마찬가지예요. 긍정적으로 생각하고 말하는 연습을 통해 마음은 더 튼튼해질 수 있어요. 만약 여러분이 도전한 일이 잘 안 됐을 때는 이렇게 말하면서 마음의 근육을 키워 봐요.

"지금까지 고생 많았어."
"힘들었지? 그동안 많이 애썼어."
"괜찮아. 나니까 이만큼 할 수 있었어."

26 자꾸 틀려서 자신 없어요

용기

내 이야기를 들어 봐

올해 우리 반 학예회에서

각자 장기를 발표하기로 했다.

나는 태권도 학원에서 배운

태권도 품새를 보여 주려 했는데,

작년 학예회에서

순서를 틀려서 당황했던 일이 자꾸 생각난다.

올해도 순서를 틀릴까 봐 걱정된다.

또 순서를 까먹어서

머릿속이 하얘지면 어떻게 하지?

두려움 때문에 주춤하지 마세요.

'용기'란, 겁이 없는 씩씩하고 굳센 기운이에요. 『아름다운 가치 사전』이란 책에서는 용기를 이렇게 풀이하고 있어요.

**용기란, 마음속에 도사리고 있는 두려움을 이겨내는 것.
두려움 때문에 해야 할 일을 포기하지 않는 것.
용기란, 옳은 말, 참말을 할 수 있는 굳센 마음.**

학예회에서 한 번 틀린 적이 있으니 또 틀릴지도 모른다는 두려움이 생기는 건 당연해요. 하지만 두려움 때문에 다른 도전을 포기하지 않는 게 씩씩하고 굳센 어린이의 자세겠지요.

혼자 있는 친구에게 말을 건네는 것, 친구와 다툰 뒤 먼저 사과하는 것, 발표 시간에 손을 번쩍 드는 것, 친한 친구가 나쁜 행동을 하자고 했을 때 '너랑 노는 건 좋지만, 그건 별로 하고 싶지 않아.'라고 말하는 것.

모두 내 마음속 용기를 키우는 행동이에요. 자꾸자꾸 용기를 내다 보면, 처음에는 새싹처럼 작았던 내 마음의 용기가 어느새 큰 나무처럼 자라있을 거예요. 지금 서 있는 곳에서 용기 내어 한 걸음씩 나아갈 때, 나는 당당하고 늠름하게 우뚝 설 수 있어요.

연습해 볼까요?

1 이루기 쉬운 것부터 어려운 것까지, 조금씩 단계를 높이며 용기를 키우는 과제에 도전해 보세요. 꾸준히 실천하다 보면 분명 내일의 나는 더 씩씩한 모습일 거예요.

- ☐ **1단계** 마트에서 내가 고른 과자는 직접 계산하기
- ☐ **2단계** 하루에 한 번 손 들고 발표하기
- ☐ **3단계** 모둠장 역할을 하면서 친구들 이끌기
- ☐ **4단계** 회장 선거에 나가 보기
- ☐ **5단계** 동시 낭송대회처럼 사람들 앞에 서는 대회에 참가해 보기

27 나는 잘할 수 있어요

믿음

내 이야기를 들어 봐

리코더를 배운지 벌써 한 달째.

「비행기」부터 차근차근 배우고 있다.

내가 좋아하는 곡들을 내 손으로

연주할 수 있어서 정말 신난다.

아직은 악보를 보면서

손가락을 움직이는 게 너무 헷갈리지만

열심히 연습해서

엄마, 아빠 앞에서 연주해야지~

나는 아마 잘할 거다.

나는 나를 믿어!

'나에게 힘을 주는 문장'을 떠올려요.

　선생님도 자신을 믿지 못할 때가 많았어요. 마음대로 되지 않을 때는 스스로를 미워하기도 했지요.

　그러던 어느 날, 책에서 매일 '나에게 힘을 주는 문장'을 읽어 보라고 추천하기에 실천해 봤어요. 1년 동안 꾸준히 해 봤더니 '나에게 힘을 주는 문장'을 읽은 날과 안 읽은 날은 큰 차이가 났어요. 아침에 읽으면서 하루를 시작한 날은 기분이 더 좋고 잘할 수 있다는 마음도 더 커졌어요.

　선생님이 자신에 대한 믿음을 가지는 데 도움을 준 문장은 다음과 같아요.

　"나는 날마다 모든 면에서 점점 더 좋아지고 있다."

"나는 나를 사랑하고 믿는다."
"나는 정말 멋진 사람이고, 최고다."

'나에게 힘을 주는 문장'을 만들고 자주 읽어 보세요. 좋은 말을 하면 좋은 생각을 하게 되고, 좋은 생각을 하면 좋은 행동을 하게 돼요. 좋은 행동은 좋은 습관을 만들어요. 좋은 습관이 쌓이면 좋은 삶을 가꿀 수 있어요.

나를 믿지 않는 사람은 다른 사람에게도 믿음직한 느낌을 줄 수 없어요. 나를 믿으면, 어떤 일이 생겨도 잘 이겨낼 수 있다는 믿음이 강해져요. 여러분은 정말 멋진 사람이고, 최고예요! 나는 멋진 사람이라고, 점점 더 좋아지고 있다고, 잘할 수 있다고, 기꺼이 믿어 주세요.

연습해 볼까요?

1 여러분만의 '나에게 힘을 주는 문장'을 두 가지 이상 만들고, 큰 소리로 읽어 보세요. 책상 위에 붙이거나 메모장에 써 놓고 자주 따라 읽어 보세요.

_____

_____

28 나는 내가 좋아요

내 이야기를 들어 봐

선생님, 반 친구들과 돌아가면서

종이에 서로 한 마디씩

칭찬을 적어 주기로 했다.

나에게도 많은 말이 적혀 있었다.

'너는 다정하게 말해서 좋아.'

'블록을 높게 쌓을 수 있는 게 대단해.'

'준비물을 빌려줘서 고마웠어.'

이렇게 보니 나도 좋은 점이 꽤 많은걸?

이런 내가 제법 마음에 든다.

나는 내가 좋아!

나를 스스로 존중해 주세요.

'존중'이란, 높여서 귀중하게 대하는 거예요. 내가 세상에서 가장 존중해야 할 사람은 누구일까요? 지금까지 이 책을 열심히 읽은 친구라면 답을 잘 알 거예요. 그 사람은 바로 '나 자신'이에요.

다른 사람을 더 존중해야 하는 거 아니냐고요? 그렇지 않아요. 나를 존중하는 것은 곧 다른 사람을 존중하는 방법과 이어져 있어요. 내 마음이 지치고 힘들 때, 내가 싫을 때는 다른 사람의 마음을 이해하고 공감하기가 어려워지거든요. 먼저 나를 존중해야 다른 사람도 존중할 수 있어요.

나를 비난하는 말버릇을 존중하는 말버릇으로 고치는 데 적어도 21일이 걸린다고 해요. "내가 하는 일이 다 그렇지 뭐. 되는 일이 없네."라는 말을 "괜찮아. 지금까지 한 것도 대단해. 다음에는 잘될 거야."라고 바꿔 보세요.

나를 좋아하고 존중하는 습관을 만들면 여러분은 평생 든든한 지원군을 얻게 돼요. 탄탄한 땅 위에 건물을 쌓는 것과 같지요. 만약 나를 존중하는 마음이 단단하지 않으면, 아무리 좋은 것을 그 위에 쌓아도 쉽게 무너져요.

여러분이 나를 존중하는 벽돌을 하나씩 쌓아서 자신만의 멋진 집을 만들고, 편안하게 쉴 수 있는 마음의 정원을 가꾸기를 진심으로 응원해요!

연습해 볼까요?

1 가족끼리 서로 존중하는 마음을 담아서 롤링페이퍼를 써 보세요. 서로의 좋은 점, 멋진 점, 고마운 점을 쓰면서 존중해 주세요.

예) 아빠, 맛있는 떡볶이를 만들어 주셔서 감사해요.
엄마는 책을 많이 읽어서 멋져요. 나도 많이 읽을래요.

참고 도서

- 멜 로빈스, 『5초의 법칙』, 한빛비즈, 2017
- 박상미, 『박상미의 고민사전: 청소년·학부모편』, 특별한서재, 2019
- 윤지연·최정인, 『너도 외롭니?』, 시공주니어, 2010
- 이서윤, 『이서윤의 초등생활 처방전 365』, 아울북, 2021
- 조 볼러, 『언락UNLOCK』, 다산북스, 2020
- 조항록, 『토머스 에디슨: 2,000번의 실패, 한 번의 성공』, 그레이트북스, 2015
- 채인선, 『아름다운 가치 사전』, 한울림어린이, 2005
- 탈 벤 샤하르·왕옌밍, 『행복이란 무엇인가』, 느낌이있는책, 2014
- 토머스 고든, 『리더 역할 훈련』, 양철북, 2006

- 브레인트레이닝 심리상담센터, 「아동우울증 자가진단 테스트」
- 학생정신건강지원센터, 「학생정서교육 - 분노조절」

"모든 관계의 시작은 나!" 자존감을 키우는 28가지 마음 습관
아홉 살 관계 사전 • 자존감

초판 1쇄 발행 2022년 3월 16일
초판 3쇄 발행 2022년 11월 16일

글 김정 **그림** 이아리
펴낸이 김선식

경영총괄 김은영
책임편집 권예경 **책임마케터** 오서영
콘텐츠사업7팀장 김민정 **콘텐츠사업7팀** 김단비, 권예경
편집관리팀 조세현, 백설희 **저작권팀** 한승빈, 김재원, 이슬
마케팅본부장 권장규 **마케팅1팀** 최혜령, 오서영
미디어홍보본부장 정명찬 **홍보팀** 안지혜, 김민정, 오수미, 송현석
뉴미디어팀 허지호, 박지수, 임유나, 홍수경, 김화정 **디자인파트** 김은지, 이소영
재무관리팀 하미선, 윤이경, 김재경, 안혜선, 이보람
인사총무팀 강미숙, 김혜진
제작관리팀 박상민, 최완규, 이지우, 김소영, 김진경, 양지환
물류관리팀 김형기, 김선진, 한유현, 민주홍, 전태환, 전태연, 양문현, 최창우
외부 스태프 디자인 빅웨이브

펴낸곳 다산북스 **출판등록** 2005년 12월 23일 제313-2005-00277호
주소 경기도 파주시 회동길 490 다산북스 파주사옥
전화 02-704-1724 **팩스** 02-703-2219 **이메일** dasanbooks@dasanbooks.com
홈페이지 www.dasanbooks.com **블로그** blog.naver.com/dasan_books
용지 IPP **인쇄** 민언프린텍 **코팅 및 후가공** 제이오엘앤피 **제본** 대원바인더리

ISBN 979-11-306-8089-7 (74190)   979-11-306-8088-0 (74190) 세트

• 책값은 뒤표지에 있습니다.
• 파본은 구입하신 서점에서 교환해드립니다.
• KC마크는 이 제품이 공통안전기준에 적합하였음을 의미합니다.
• 이 책은 저작권법에 의하여 보호를 받는 저작물이므로 무단 전재와 복제를 금합니다.

다산북스(DASANBOOKS)는 독자 여러분의 책에 관한 아이디어와 원고 투고를 기쁜 마음으로 기다리고 있습니다. 책 출간을 원하는 아이디어가 있으신 분은 다산북스 홈페이지 '원고투고'란으로 간단한 개요와 취지, 연락처 등을 보내주세요. 머뭇거리지 말고 문을 두드리세요.